Udo Hahn
Gute Wünsche

kiefel

Gib den sicheren Standpunkt auf,
wage den Aufbruch,
verlass die ausgetretenen Wege,
schlage eine neue Richtung ein.
Mag die Zukunft auch ungewiss sein:
Vertraue darauf, dass sich beim Gehen
der Weg unter die Füße schiebt.

Den Aufbruch wagen

Was ich dir wünsche:

Einen klaren Verstand bei allem, was du sagst,

ein offenes Ohr für die Sorgen anderer,

wache Augen für die Not deines Nächsten,

ein Lächeln im Gesicht zur Ermutigung Verzweifelter,

ein kraftvolles Wort zur Verteidigung Angegriffener,

eine freie Hand zum Zupacken, wo sie gebraucht wird.

Herz und Verstand

Der Mensch ist wie ein Schiff:

Er braucht Ankerplätze,

einen sicheren Hafen.

Aber er muss auch auf große Fahrt gehen,

mit vollen Segeln unterwegs sein,

Erfahrungen in stürmischer See sammeln,

und er wird mit Schätzen

der Erinnerung zurückkehren.

Erfahrungen sammeln

Ich wünsche dir,

dass etwas bleibt von dem, was du tust,

dass ein Gedanke von dir bei anderen nachwirkt,

dass dein Lächeln andere ansteckt,

dass ein tröstendes Wort von dir andere ermutigt,

dass deine Hoffnung andere anspornt.

In Erinnerung bleiben

Lebe heute, hier und jetzt.
Denke nicht ständig an morgen,
an die nächste Woche, an das nächste Jahr.
Du kannst die Zeit nicht überspringen.
Lebe in jedem Augenblick.
Auch das Schwierige ist Teil deines Lebens.
Es lehrt dich geduldig sein.

Lebe den Augenblick

Deine Freundschaft

ist wie Licht in der Dunkelheit,

wie Wärme, wenn es kalt ist,

wie Trost, wenn ich traurig bin,

wie eine Stütze, wenn ich Halt suche,

wie ein Weg, der zum Ziel führt.

Ich wünsche dir,

dass die Steine auf deinem Weg

stets so klein sind, dass du sie selbst

wegräumen kannst.

Und wenn sie groß sind,

dass genügend Platz ist,

sie zu umgehen.

Lösungen finden

Lebe deine Träume.

Erhebe dich über den Tag,

über die Strapazen der Arbeit,

mürrische Kollegen,

das schlechte Wetter.

Lass los, was dich bedrängt.

Lebe deine Träume.

Träume leben

Ich wünsche dir Orte der Stille,
frei vom Lärm der Welt,
dass deine Seele Ruhe findet
und du erkennst, was dir gut tut.
Dass du in dich hineinhörst,
auf die Stimme deines Herzens,
auf die Sehnsucht deiner Träume.

Orte der Stille

Sage was du denkst,

sage was du willst,

sage was du kannst.

Sei offen,

sei ehrlich,

sei mutig.

Sei der du bist.

Sei der du bist

Ich wünsche dir Arme, die dich auffangen,

wenn deine Trauer groß ist,

wenn deine Tränen fließen,

wenn deine Wut dich aggressiv macht,

wenn die Angst dich quält,

wenn Hoffnung dir fehlt.

Behütet und getröstet

Begreife jeden Tag als Geschenk,
betrachte ihn als etwas Einmaliges.
Behandle ihn sorgsam,
genieße jeden Atemzug,
bedenke das Ende,
lass das Unwiederbringliche los.

Einmalig

Freude

Ich wünsche dir,
dass du dich freuen kannst
über deine Gesundheit,
deine Pläne,
deine Arbeit,
deine Erfolge,
deine Freundschaften.

In dir liegen Kräfte,

die noch niemand entdeckt hat,

die sich noch nicht entfaltet haben,

die darauf warten, dass du sie brauchst,

die du für andere einsetzen sollst,

auf die du dich verlassen kannst.

Kräfte entdecken

Suche den Weg zu dir,

damit du dir selbst nahe kommst,

damit du fühlst, was dir gut tut,

damit du die Stärke in dir spürst,

damit du die Sehnsucht in dir erkennst,

damit du die Verzweiflung bekämpfen kannst.

Finde deinen Weg

Ich wünsche dir,
dass du deine Freiheit nutzt,
dass du deinen Verstand einsetzt,
dass du deine Fantasie entwickelst.
Dann wirst du aus dem Weg räumen,
was dich behindert,
bekämpfen, was dich bedrängt,
erkennen, wer dir Gutes will.

Fantasie entwickeln

Worauf es ankommt:

authentisch sein,

sensibel werden,

glücklich machen,

behutsam handeln,

unverzagt hoffen.

Worauf es ankommt

Du bist unzufrieden mit dir,
dein Beruf füllt dich nicht aus,
du fühlst dich nicht verstanden.
Ändere, was du kannst,
dulde, was sich nicht ändern lässt,
entscheide dich in jeder Situation
für das Richtige.

Entscheidungen

Ich wünsche dir,

dass dir die Wolken bei Tag den Weg weisen

und die Sterne bei Nacht,

dass der Regen das Land fruchtbar macht,

dass die Sonne dich wärmt,

dass der Regenbogen dich hoffen lässt.

Ich wünsche dir...

Fotonachweis

Werner Dieterich	Seite 39
Ruth Eisele	Seite 29
Ilse Hartig-Ziemer	Seite 35
Werner Heidt	Seite 25, 43
Michael Jordan	Seite 13
Reinhard Kemmether	Seite 9, 11
Paul Kleff	Titel
Karlheinz Klubescheidt	Seite 19, 20, 37, 41
Helmut Mülnikel	Seite 15
Miroslav Ptáček	Seite 7
Volker Rauch	Seite 23
Jörn Sackermann	Seite 16, 27
Erich Tomm	Seite 31, Titel
Jürgen Vogt	Seite 32

Die Deutsche Bibliothek – CIP-Einheitsaufnahme

Hahn, Udo:
Gute Wünsche: Udo Hahn
Gütersloh : Kiefel, 2001
ISBN 3-579-05634-4

ISBN 3-579-05634-4
© Kiefel/Gütersloher Verlagshaus, Gütersloh 2001

Das Werk einschließlich aller seiner Teile ist urheberrechtlich geschützt. Jede Verwertung außerhalb der engen Grenzen des Urheberrechtsgesetzes ist ohne Zustimmung des Verlages unzulässig und strafbar. Das gilt insbesondere für Vervielfältigungen, Übersetzungen, Mikroverfilmungen und die Einspeicherung und Verarbeitung in elektronischen Systemen.

Gestaltung und Satz: init, Bielefeld
Reproduktion: Peter Karau, Bochum
Druck und Verarbeitung: Proost, Turnhout, Belgien

Besuchen Sie uns im Internet: http://www.kiefelverlag.de